Dieses Buch gehört:

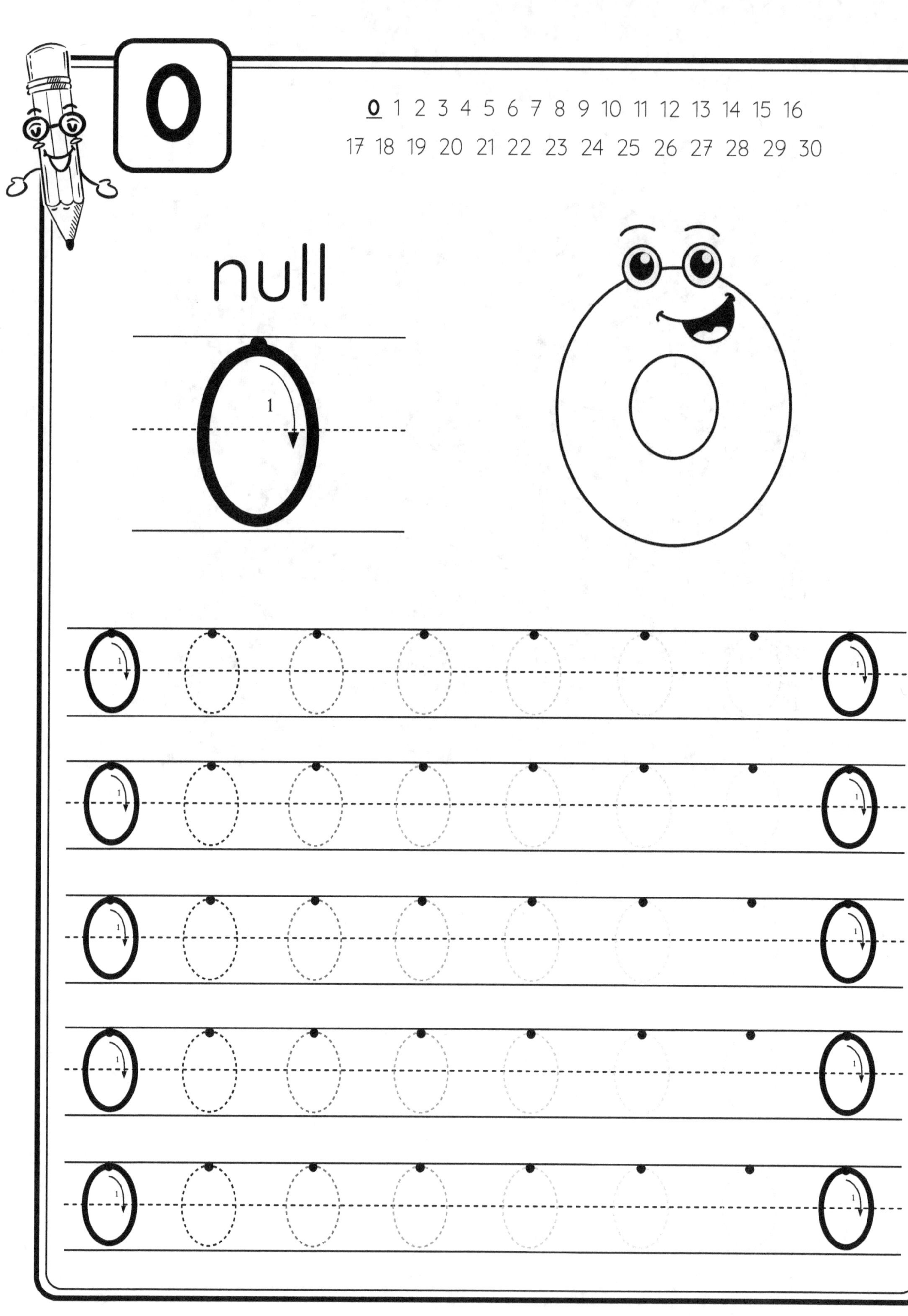

0
0 1 2 3 4 5 6 7 8 9 10 11 12 13 14 15 16
17 18 19 20 21 22 23 24 25 26 27 28 29 30
null

<u>0</u> 1 2 3 4 5 6 7 8 9 10 11 12 13 14 15 16
17 18 19 20 21 22 23 24 25 26 27 28 29 30

1

0 **1** 2 3 4 5 6 7 8 9 10 11 12 13 14 15 16
17 18 19 20 21 22 23 24 25 26 27 28 29 30

eins

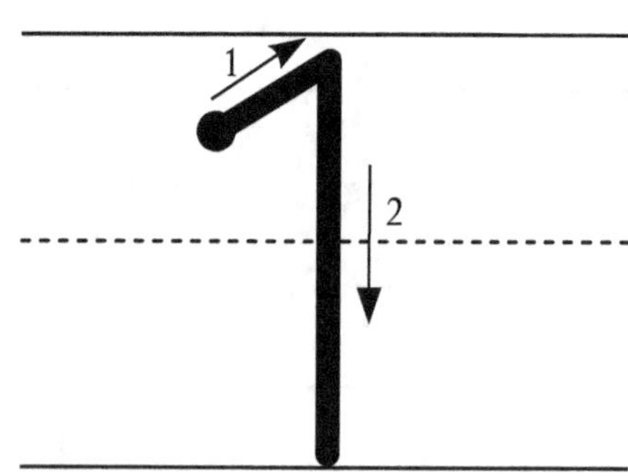

0 **1** 2 3 4 5 6 7 8 9 10 11 12 13 14 15 16
17 18 19 20 21 22 23 24 25 26 27 28 29 30

0 1 **2** 3 4 5 6 7 8 9 10 11 12 13 14 15 16
17 18 19 20 21 22 23 24 25 26 27 28 29 30

zwei

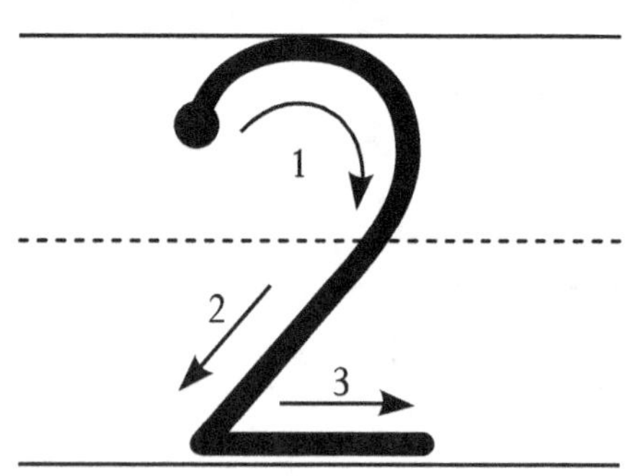

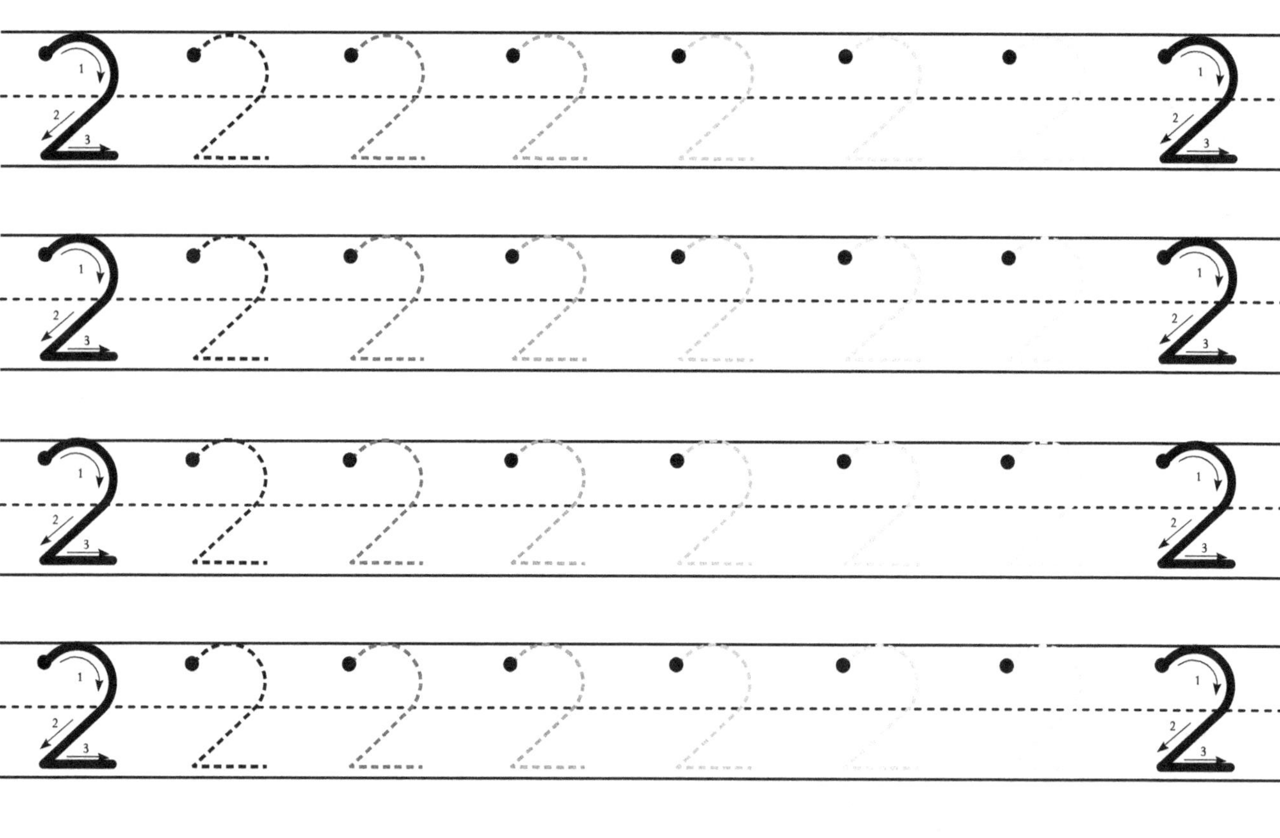

2

drei

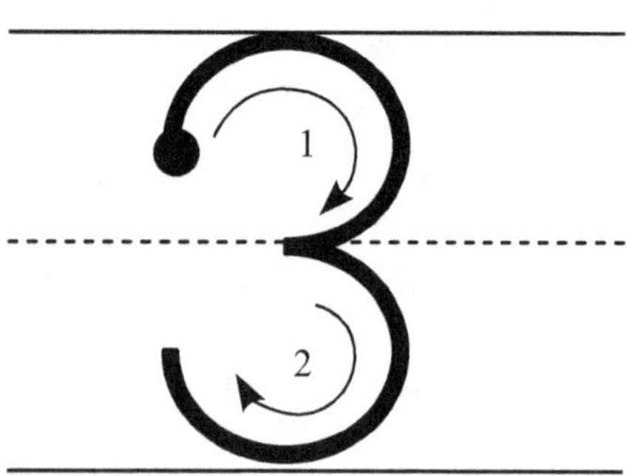

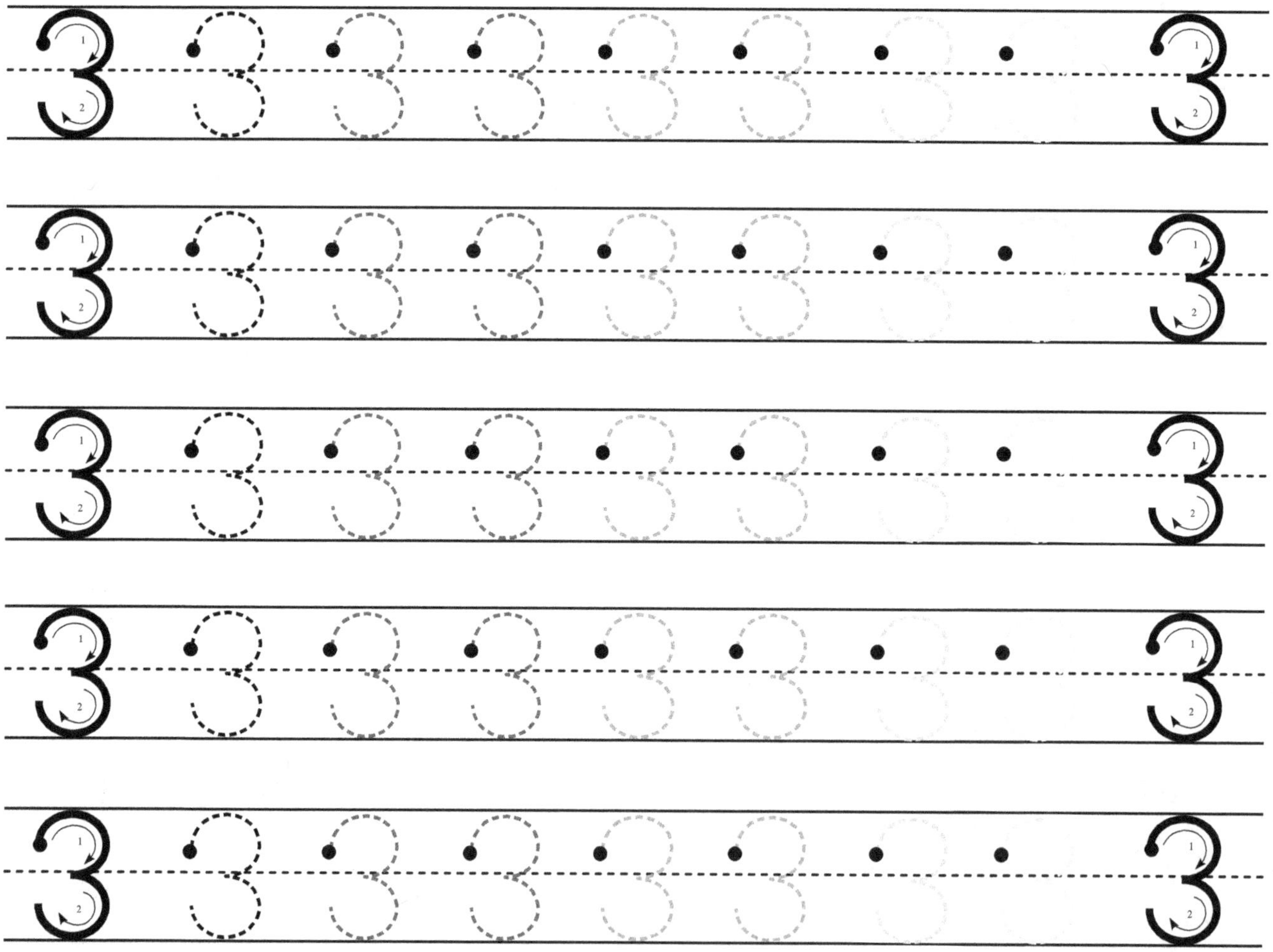

3

0 1 2 **3** 4 5 6 7 8 9 10 11 12 13 14 15 16
17 18 19 20 21 22 23 24 25 26 27 28 29 30

4

vier

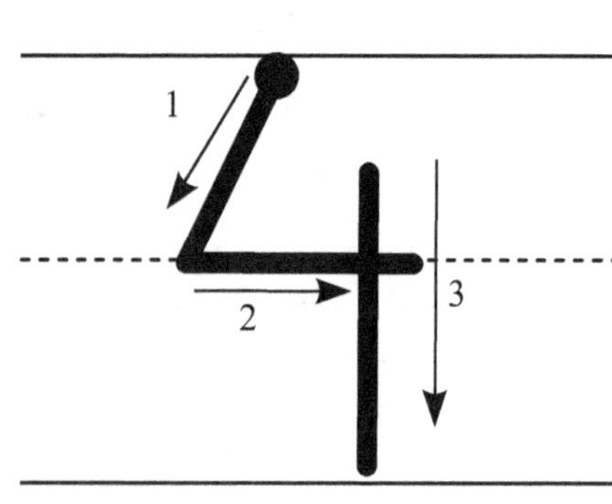

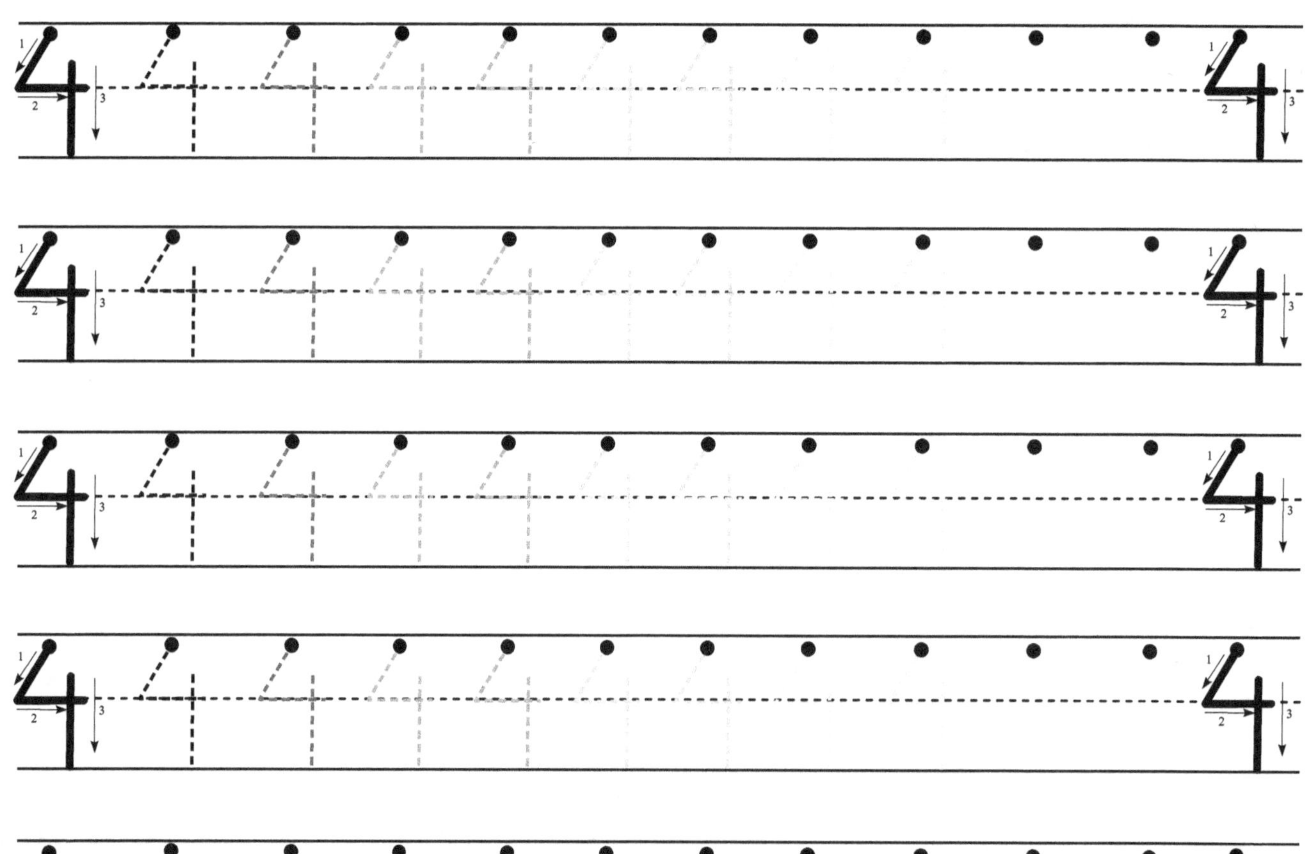

4

0 1 2 3 **4** 5 6 7 8 9 10 11 12 13 14 15 16
17 18 19 20 21 22 23 24 25 26 27 28 29 30

5

fünf

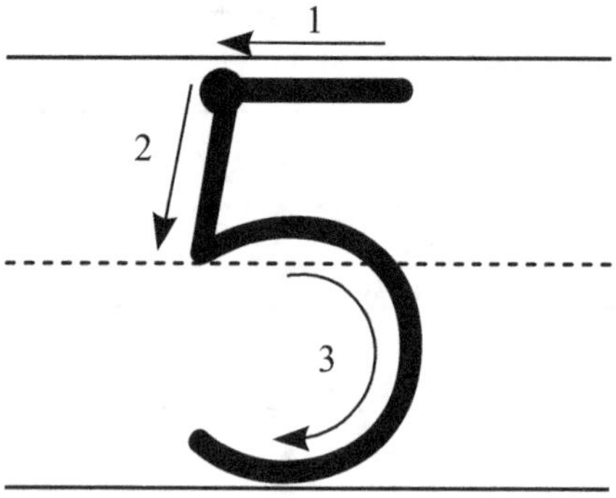

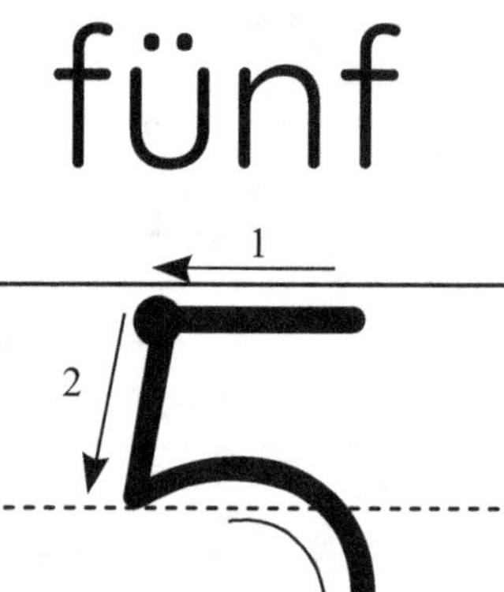

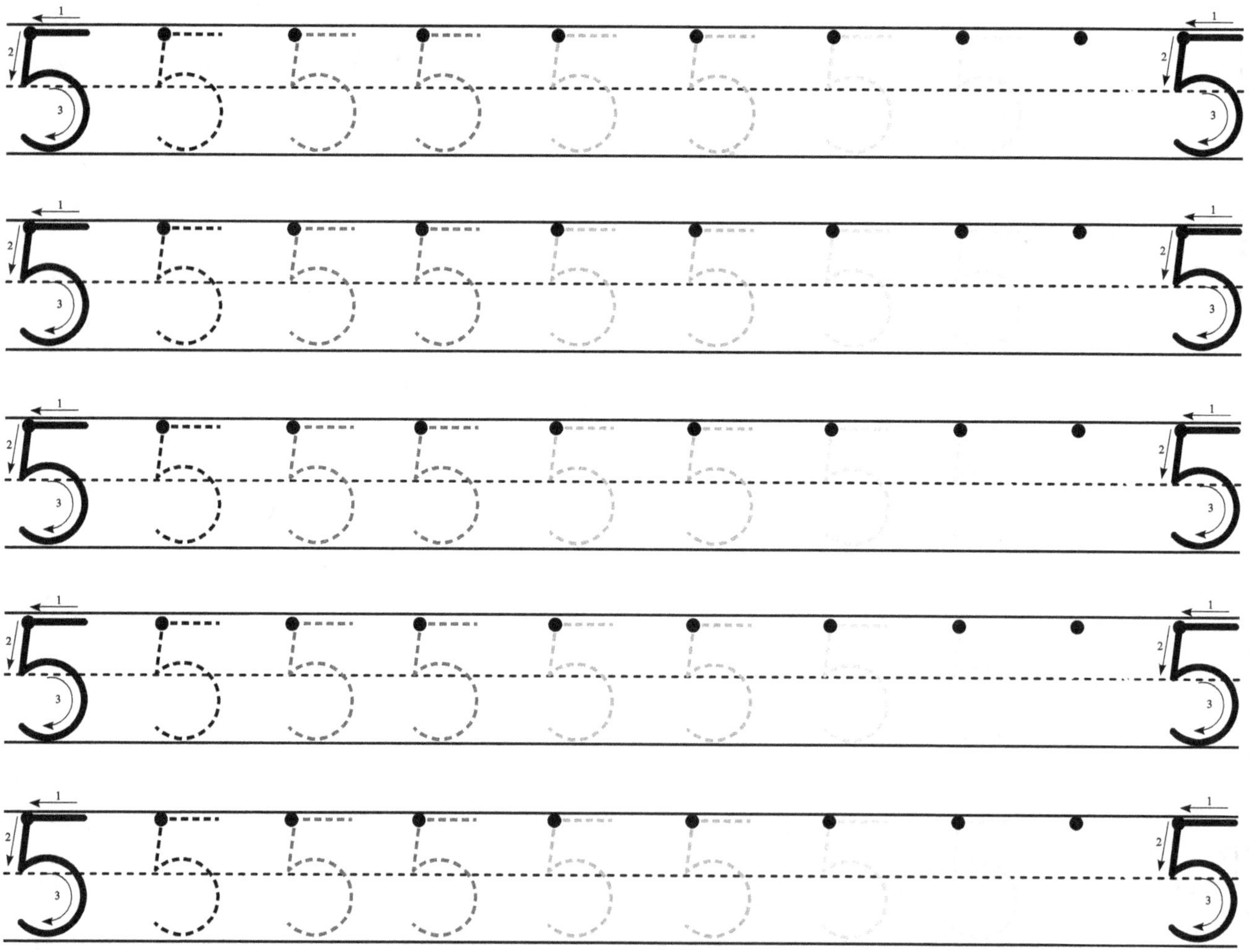

5

0 1 2 3 4 **5** 6 7 8 9 10 11 12 13 14 15 16
17 18 19 20 21 22 23 24 25 26 27 28 29 30

sechs

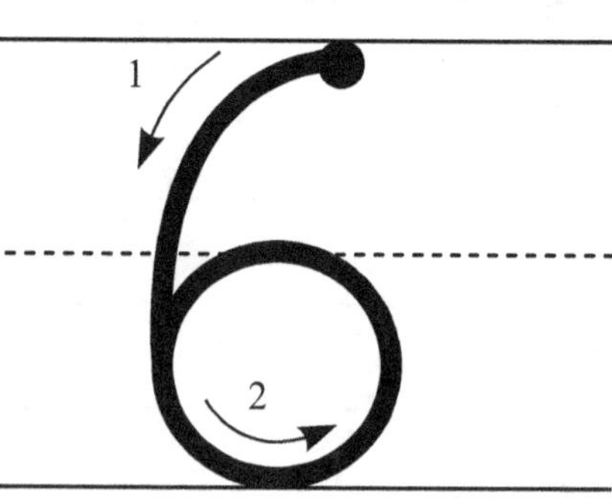

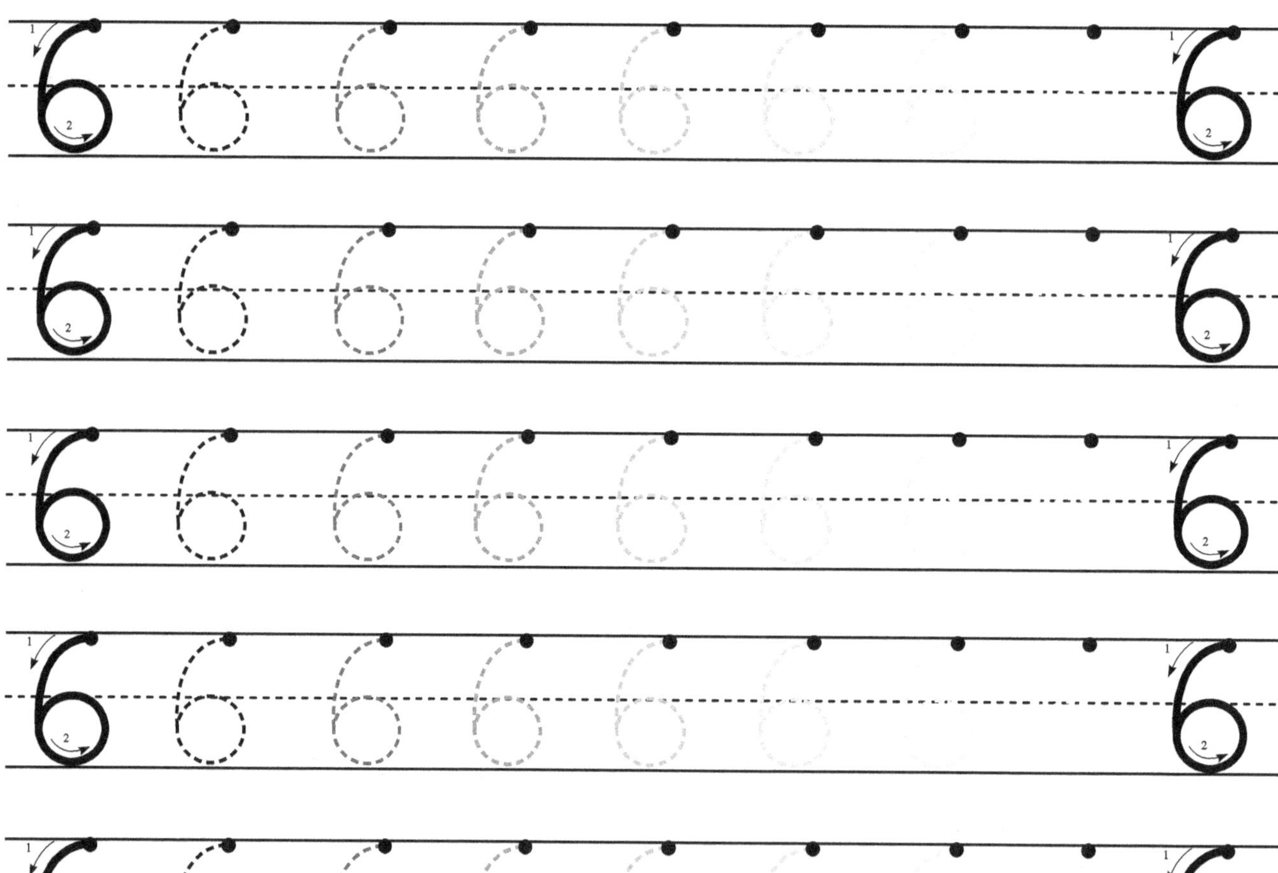

0 1 2 3 4 5 6 7 8 9 10 11 12 13 14 15 16
17 18 19 20 21 22 23 24 25 26 27 28 29 30

sieben

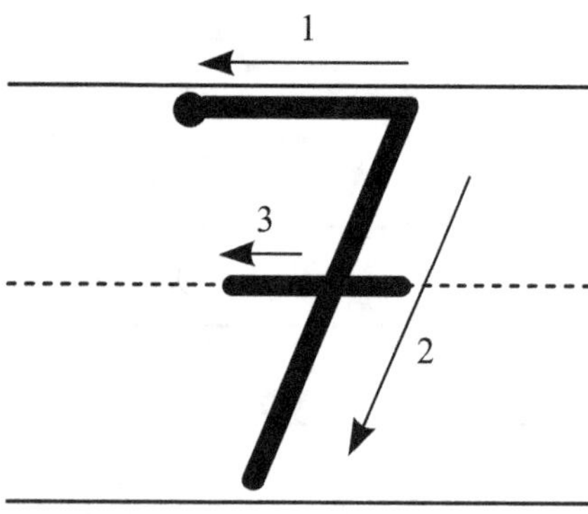

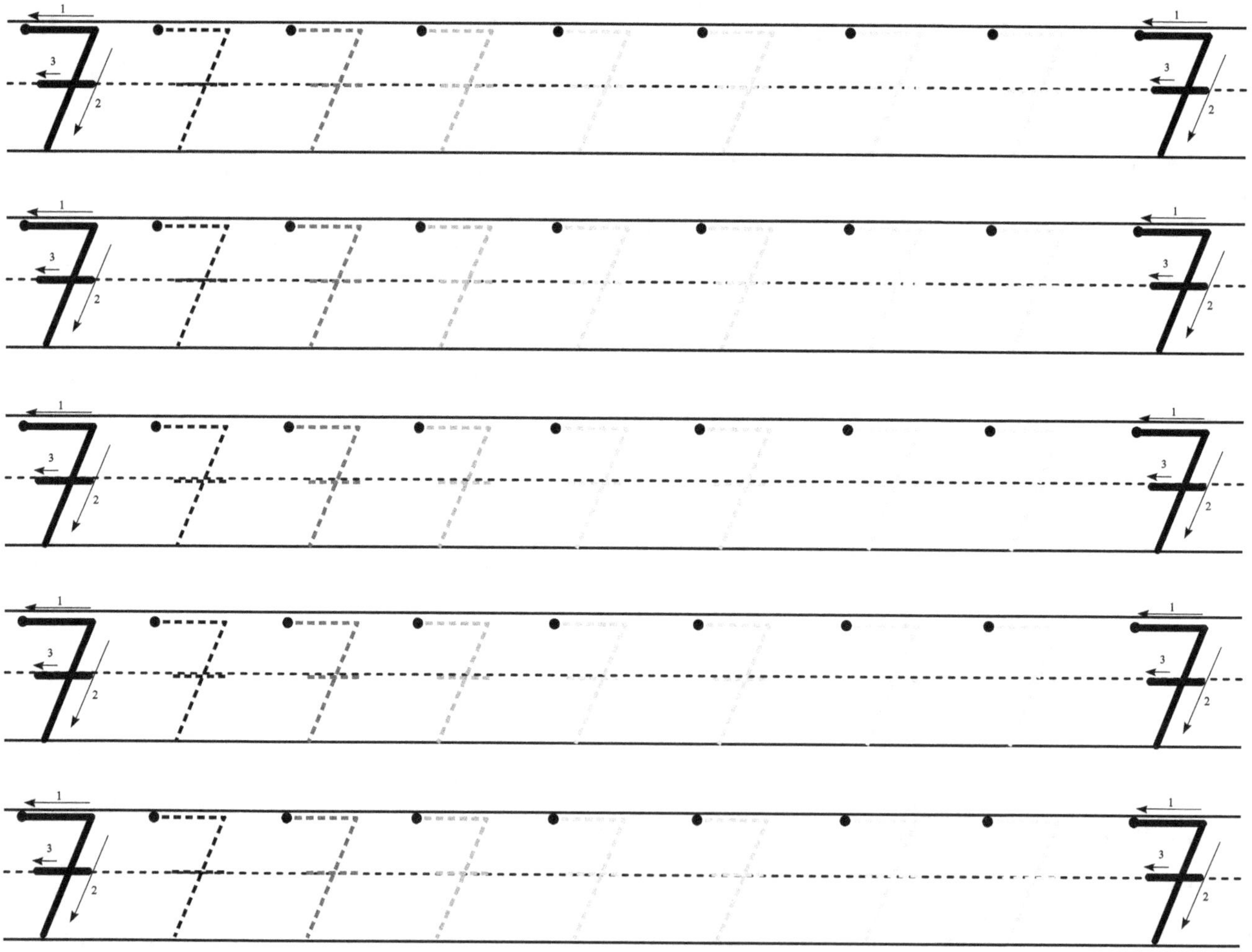

7

0 1 2 3 4 5 6 **7** 8 9 10 11 12 13 14 15 16
17 18 19 20 21 22 23 24 25 26 27 28 29 30

acht

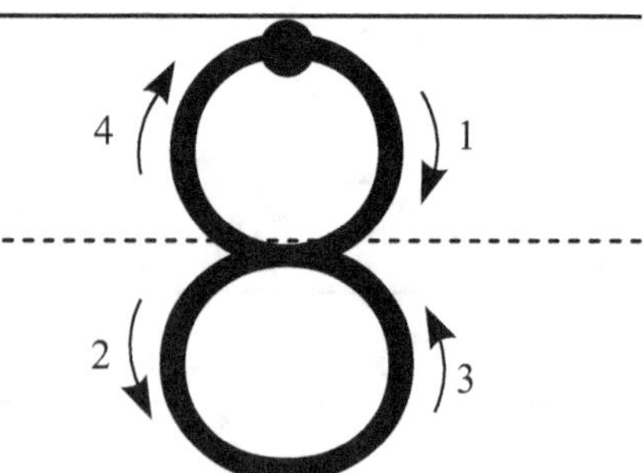

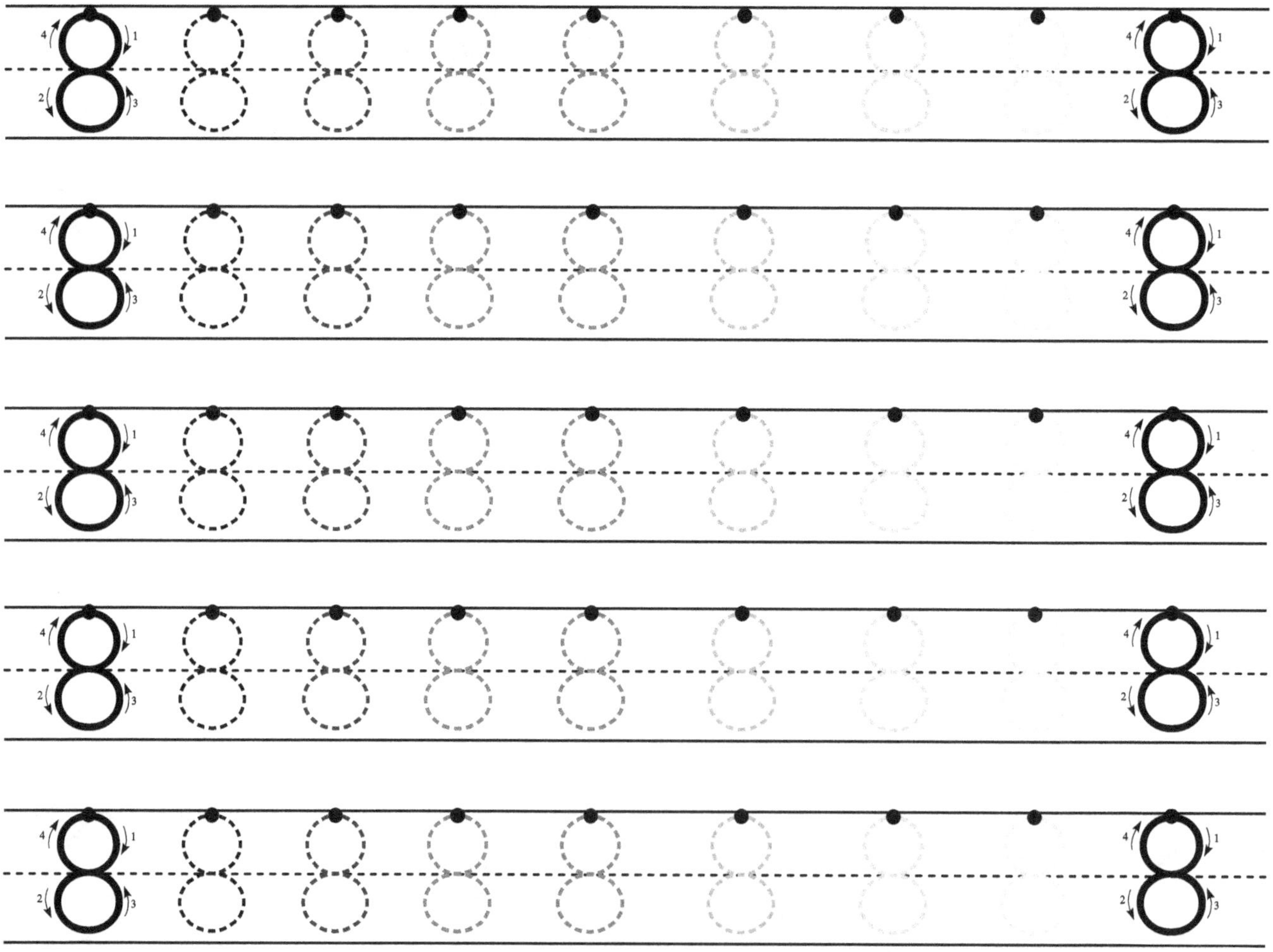

8

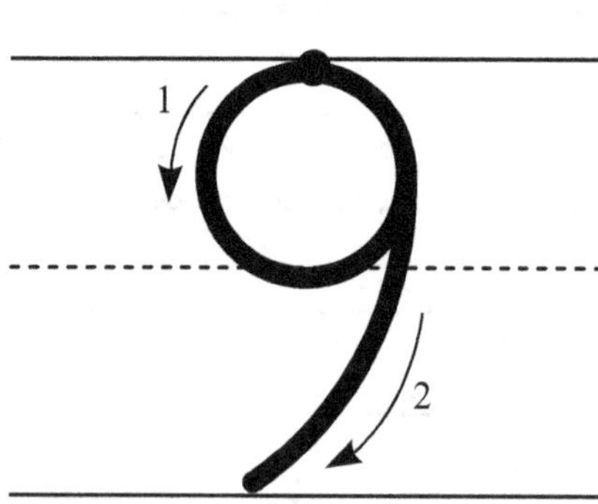

neun

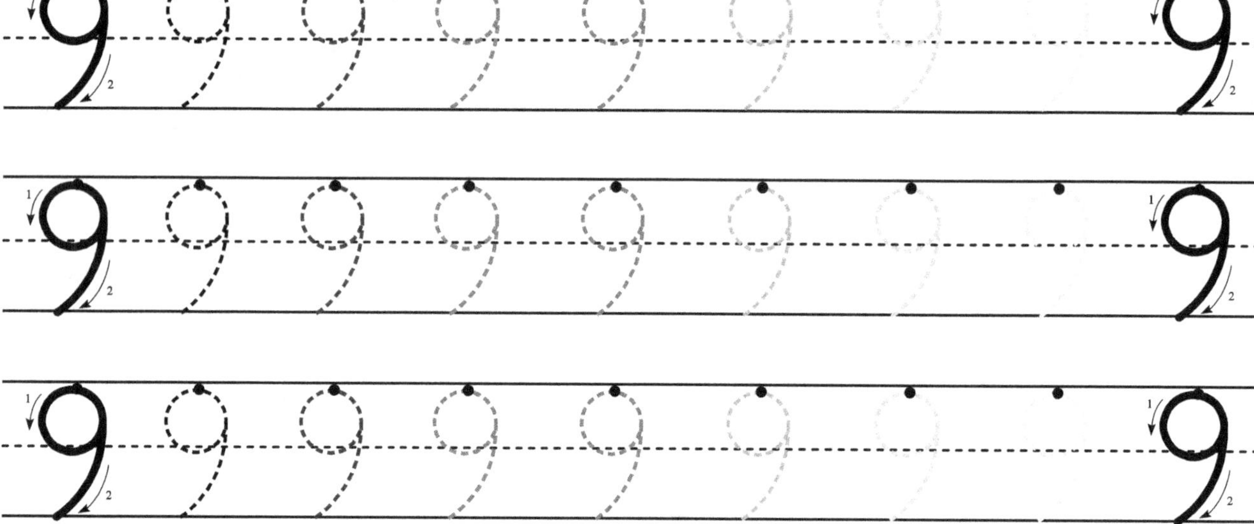

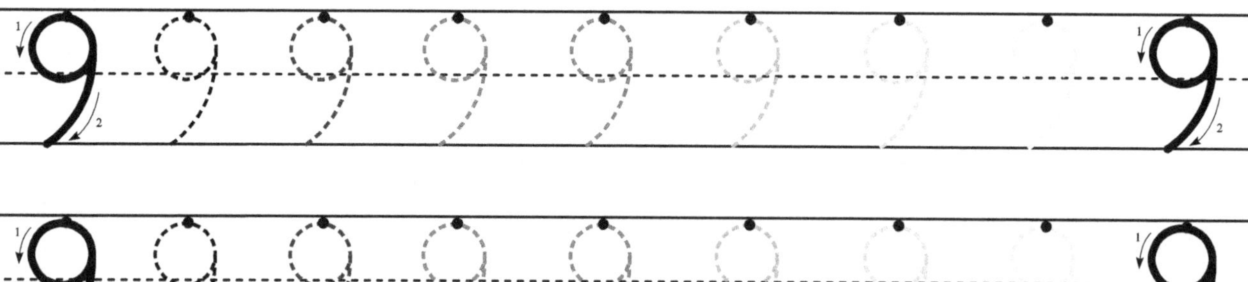

9

0 1 2 3 4 5 6 7 8 **9** 10 11 12 13 14 15 16
17 18 19 20 21 22 23 24 25 26 27 28 29 30

zehn

10

10 10 10 10 10 10

elf

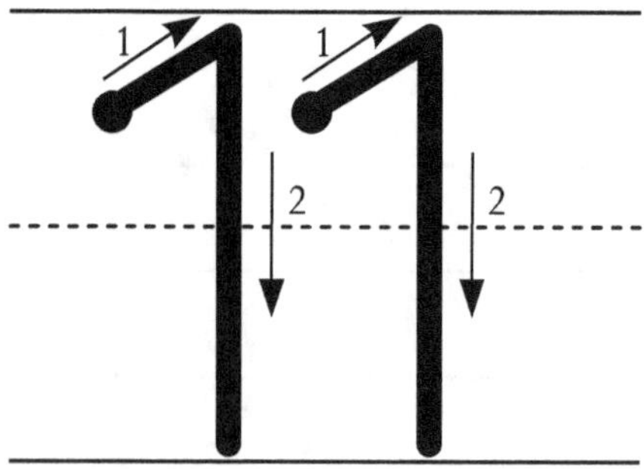

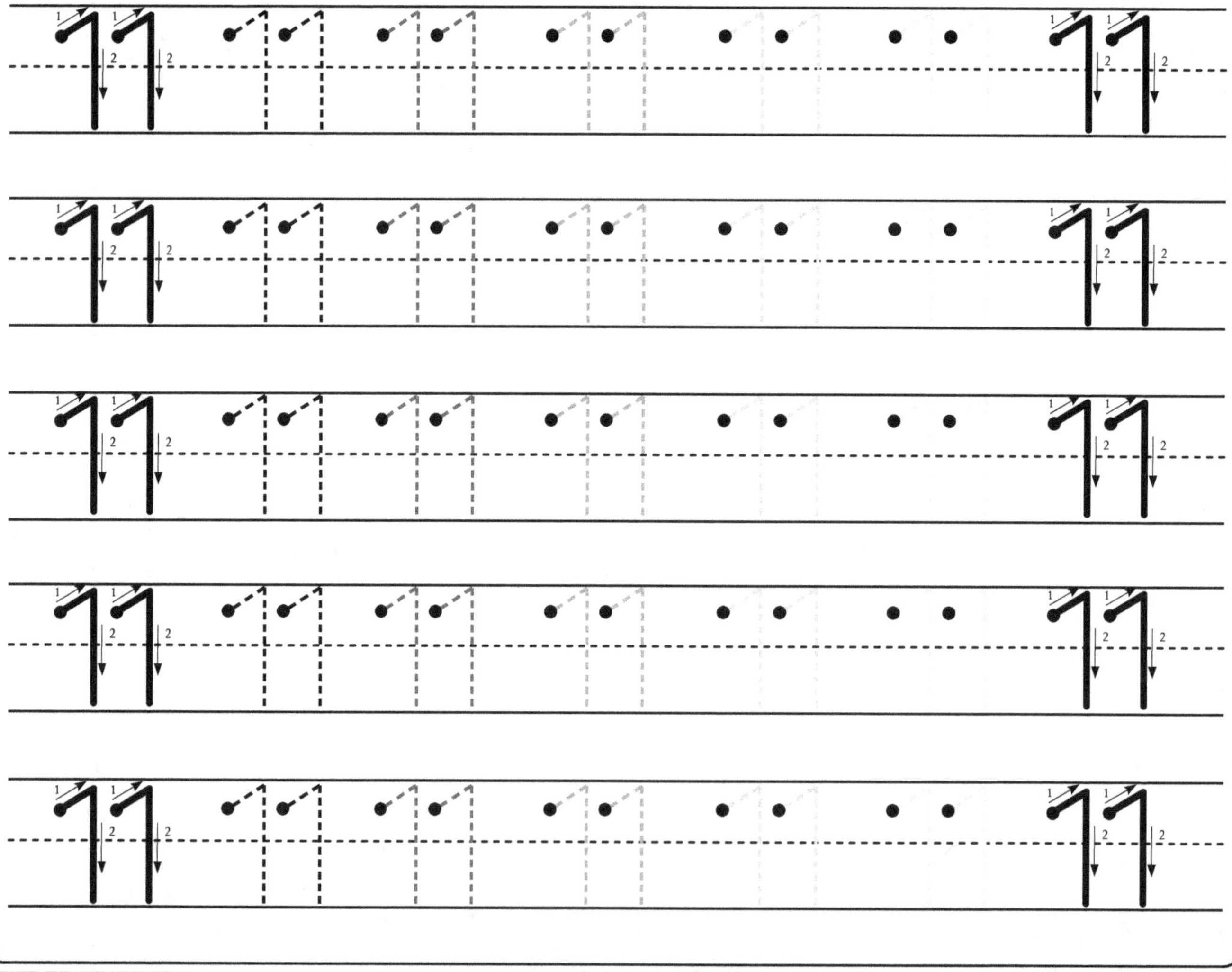

0 1 2 3 4 5 6 7 8 9 10 **11** 12 13 14 15 16
17 18 19 20 21 22 23 24 25 26 27 28 29 30

zwölf

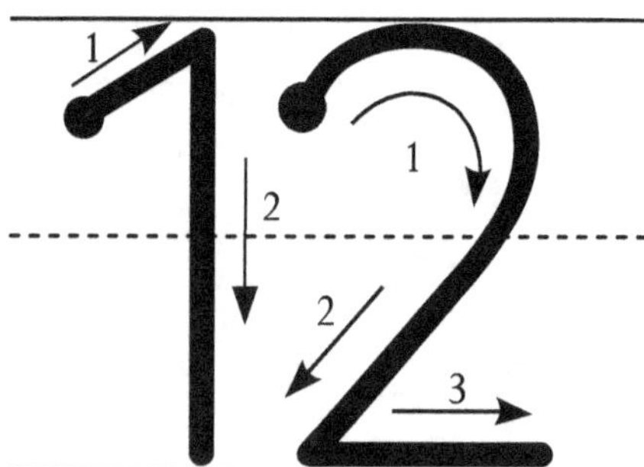

0 1 2 3 4 5 6 7 8 9 10 11 **12** 13 14 15 16
17 18 19 20 21 22 23 24 25 26 27 28 29 30

12 12 12 12 12

dreizehn

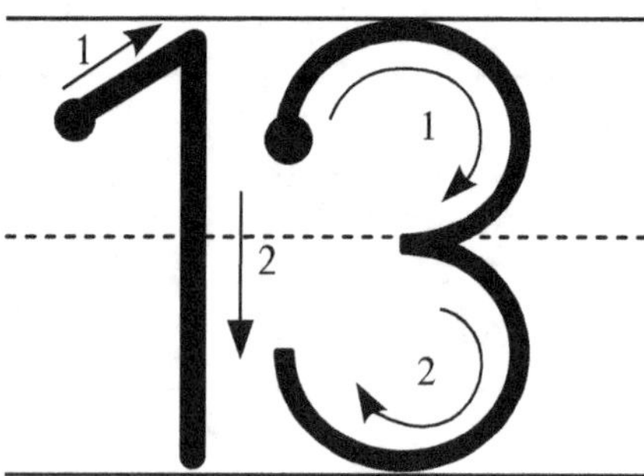

13

13 13 13 13 13 13

vierzehn

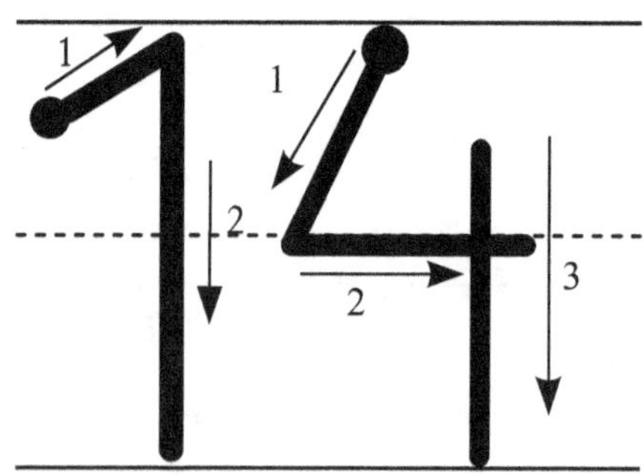

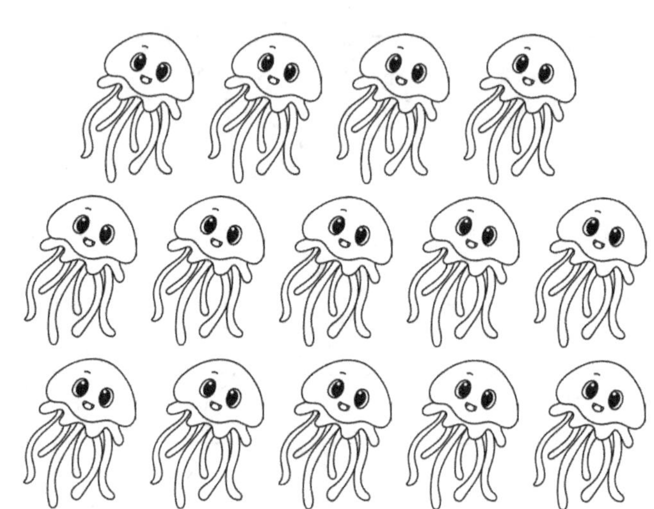

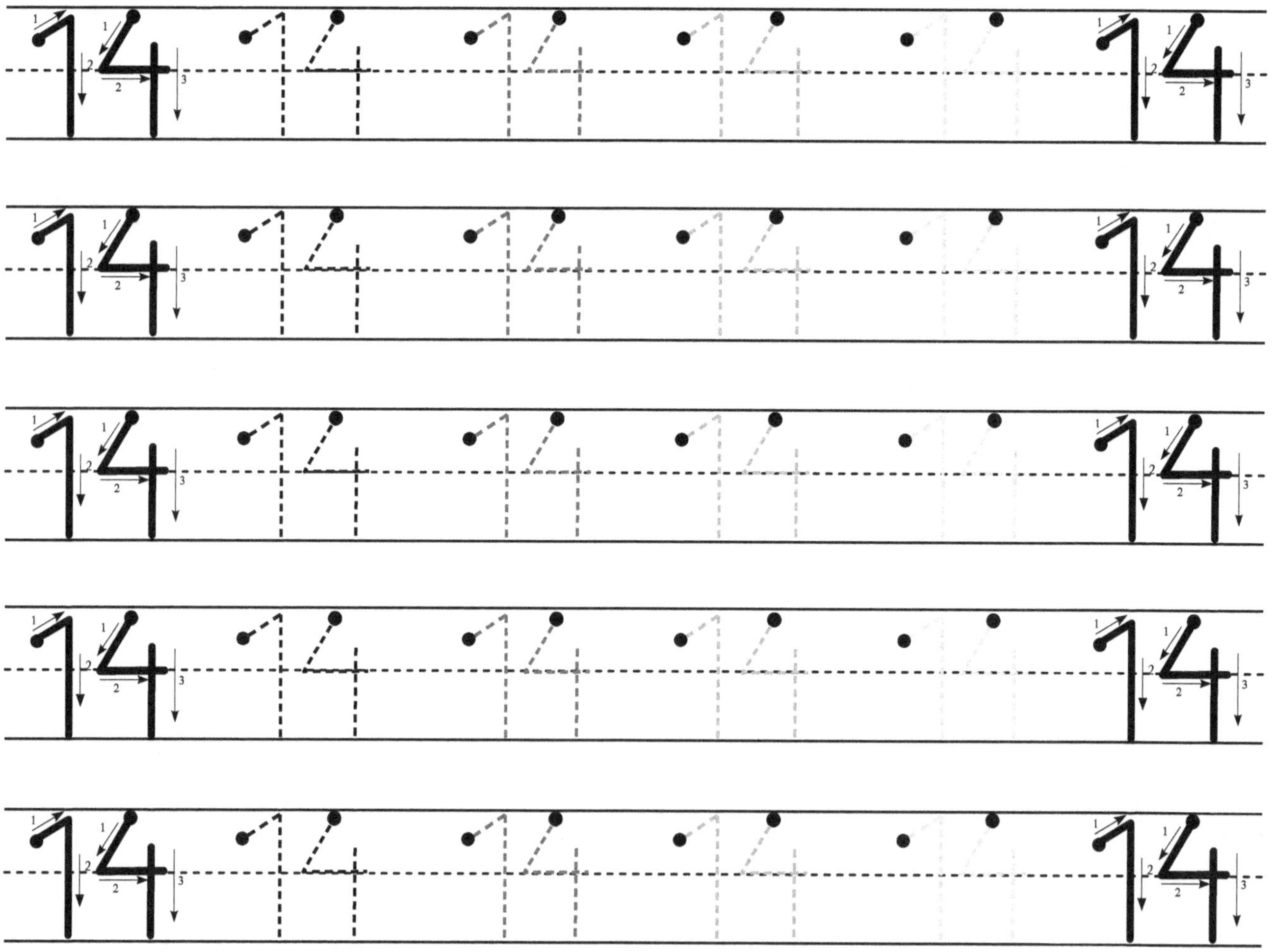

0 1 2 3 4 5 6 7 8 9 10 11 12 13 **14** 15 16
17 18 19 20 21 22 23 24 25 26 27 28 29 30

15

fünfzehn

0 1 2 3 4 5 6 7 8 9 10 11 12 13 14 **15** 16
17 18 19 20 21 22 23 24 25 26 27 28 29 30

15 15 15 15 15 15

0 1 2 3 4 5 6 7 8 9 10 11 12 13 14 15 **16**
17 18 19 20 21 22 23 24 25 26 27 28 29 30

sechzehn

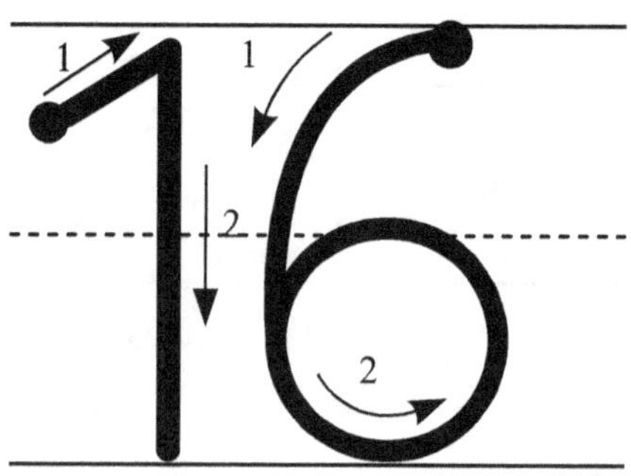

16

0 1 2 3 4 5 6 7 8 9 10 11 12 13 14 15 **16**
17 18 19 20 21 22 23 24 25 26 27 28 29 30

16 16 16 16 16 16

0 1 2 3 4 5 6 7 8 9 10 11 12 13 14 15 16
17 18 19 20 21 22 23 24 25 26 27 28 29 30

siebzehn

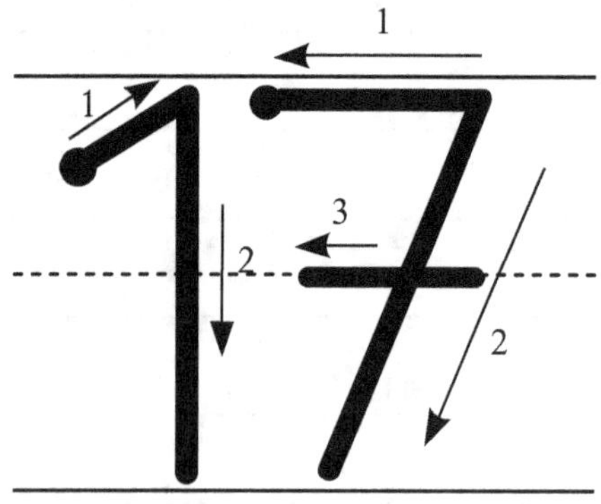

0 1 2 3 4 5 6 7 8 9 10 11 12 13 14 15 16
17 18 19 20 21 22 23 24 25 26 27 28 29 30

achtzehn

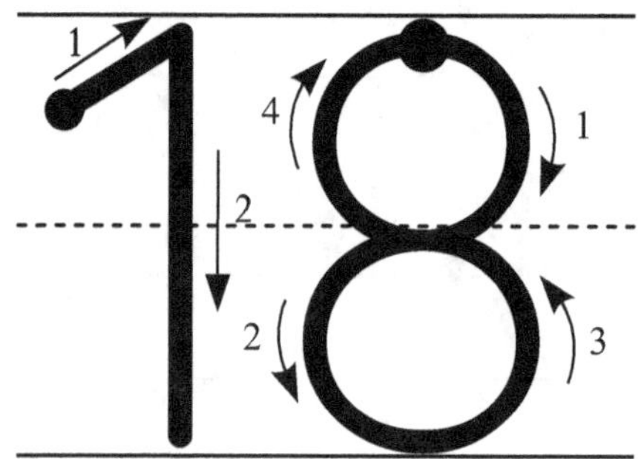

18

19

neunzehn

0 1 2 3 4 5 6 7 8 9 10 11 12 13 14 15 16
17 18 **19** 20 21 22 23 24 25 26 27 28 29 30

19 19 19 19 19 19 19

zwanzig

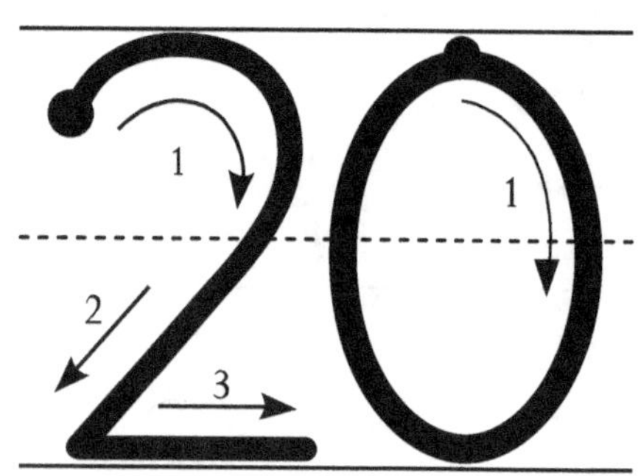

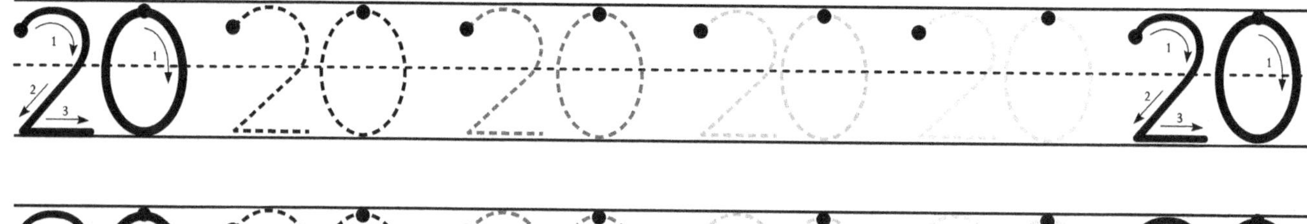

0 1 2 3 4 5 6 7 8 9 10 11 12 13 14 15 16
17 18 19 **20** 21 22 23 24 25 26 27 28 29 30

20 20 20 20 20 20 20

einundzwanzig

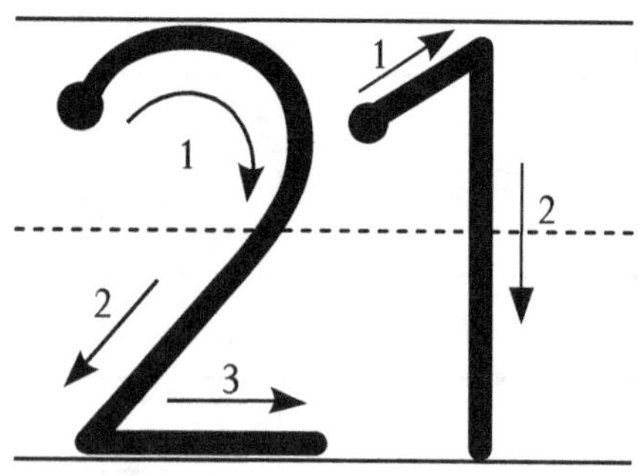

0 1 2 3 4 5 6 7 8 9 10 11 12 13 14 15 16
17 18 19 20 **21** 22 23 24 25 26 27 28 29 30

0 1 2 3 4 5 6 7 8 9 10 11 12 13 14 15 16
17 18 19 20 21 **22** 23 24 25 26 27 28 29 30

zweiundzwanzig

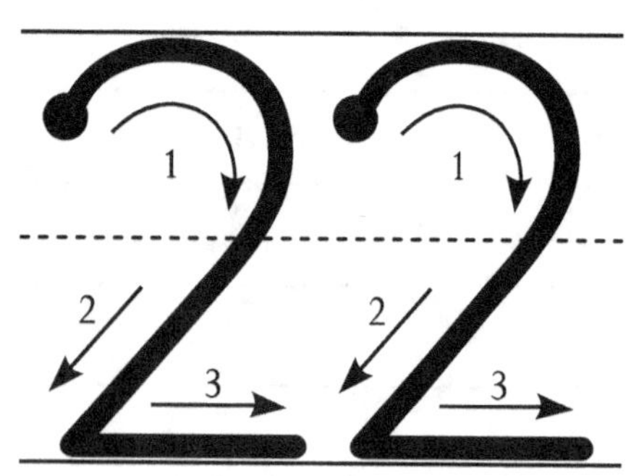

0 1 2 3 4 5 6 7 8 9 10 11 12 13 14 15 16
17 18 19 20 21 **22** 23 24 25 26 27 28 29 30

dreiundzwanzig

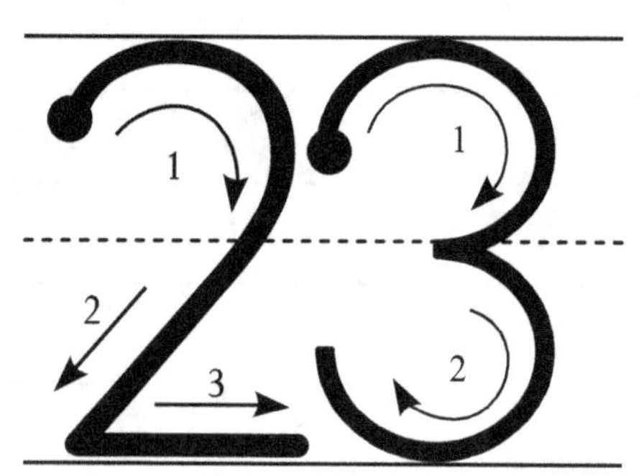

0 1 2 3 4 5 6 7 8 9 10 11 12 13 14 15 16
17 18 19 20 21 22 **23** 24 25 26 27 28 29 30

vierundzwanzig

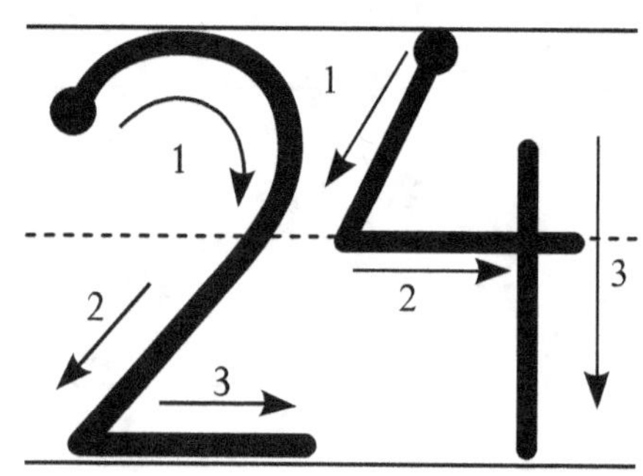

0 1 2 3 4 5 6 7 8 9 10 11 12 13 14 15 16
17 18 19 20 21 22 23 **24** 25 26 27 28 29 30

25

0 1 2 3 4 5 6 7 8 9 10 11 12 13 14 15 16

17 18 19 20 21 22 23 24 **25** 26 27 28 29 30

fünfundzwanzig

25

25 25 25 25 25 25

25 25 25 25 25 25

25 25 25 25 25 25

25 25 25 25 25 25

25 25 25 25 25 25

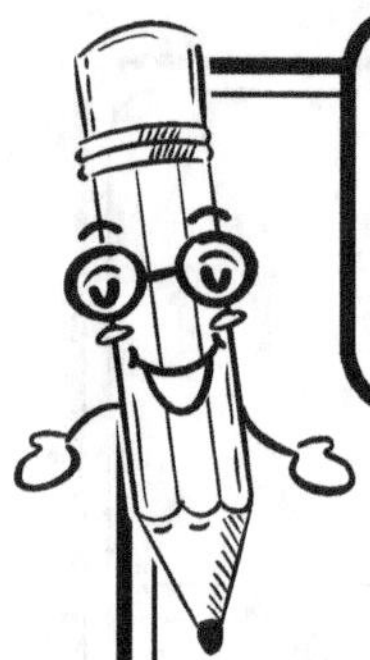

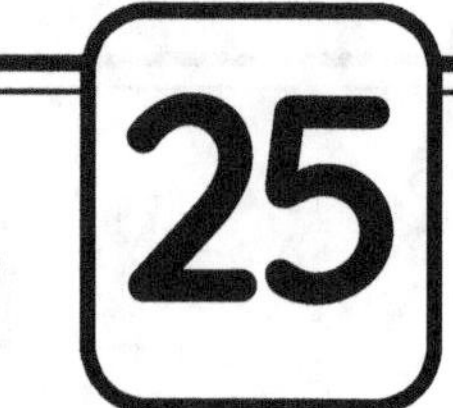

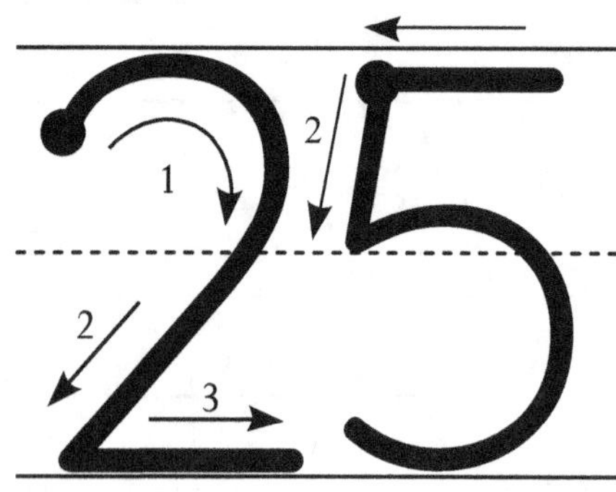

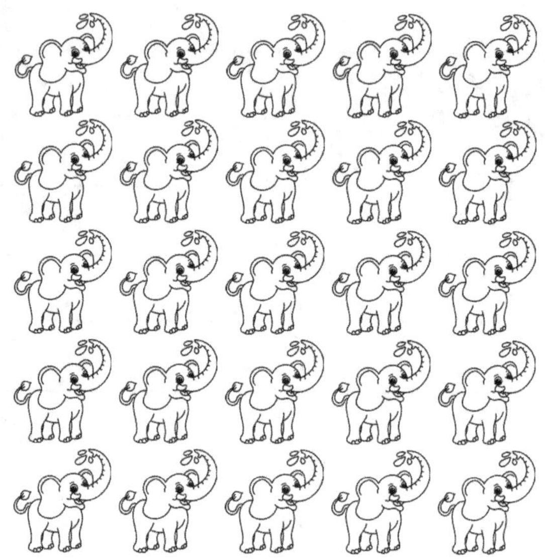

0 1 2 3 4 5 6 7 8 9 10 11 12 13 14 15 16
17 18 19 20 21 22 23 24 **25** 26 27 28 29 30

sechsundzwanzig

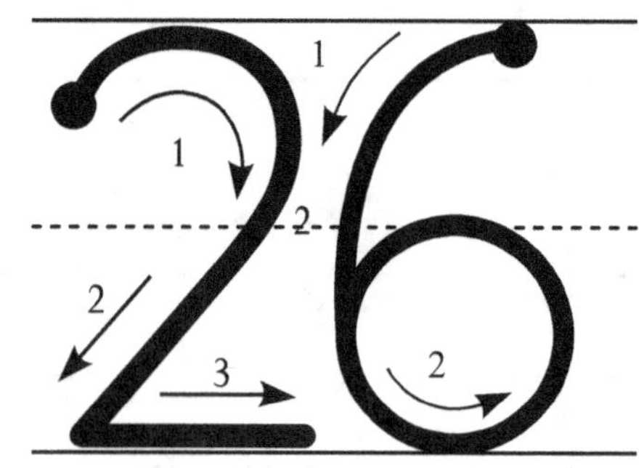

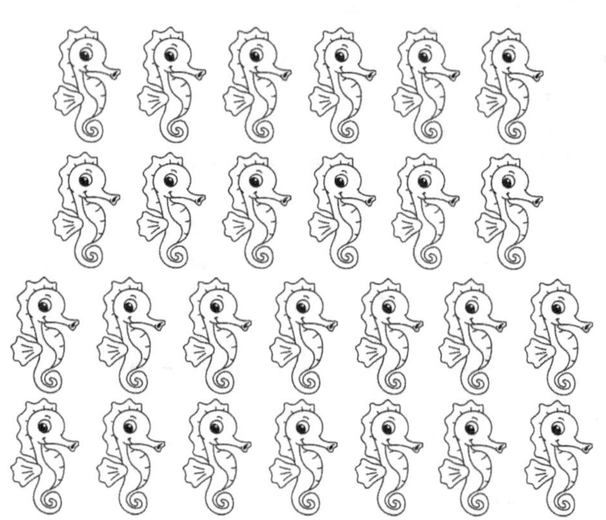

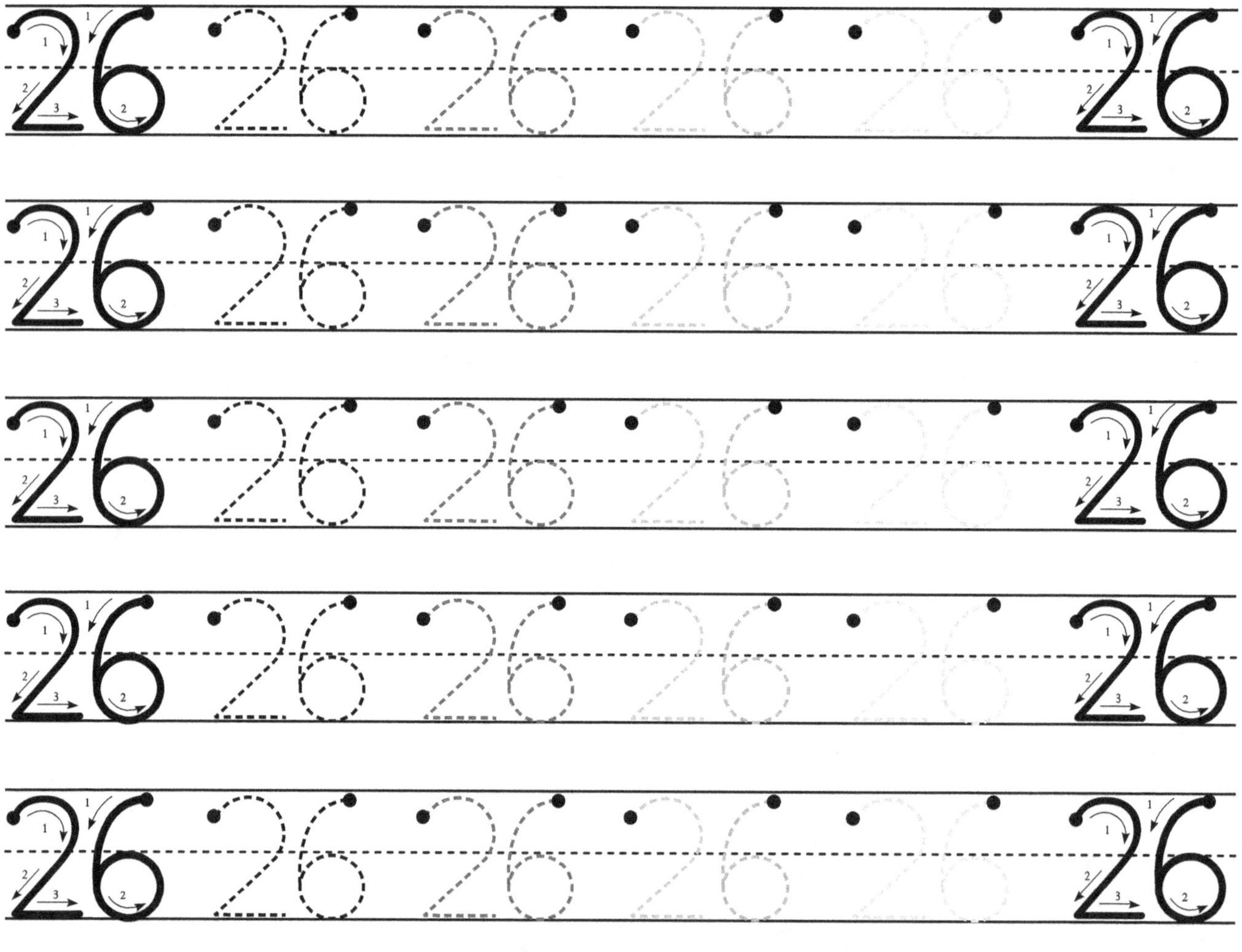

0 1 2 3 4 5 6 7 8 9 10 11 12 13 14 15 16
17 18 19 20 21 22 23 24 25 **26** 27 28 29 30

siebenundzwanzig

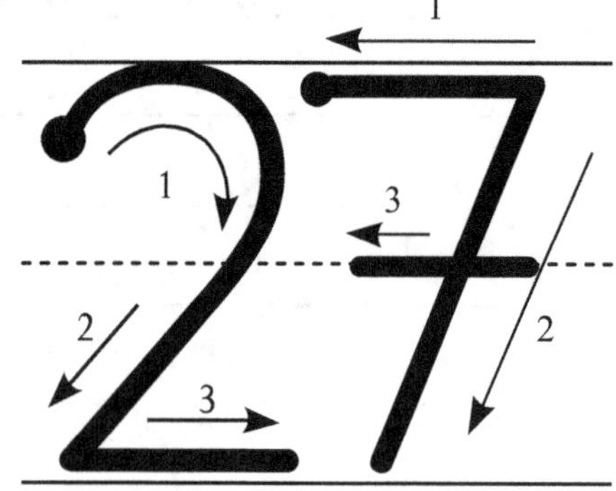

0 1 2 3 4 5 6 7 8 9 10 11 12 13 14 15 16
17 18 19 20 21 22 23 24 25 26 **27** 28 29 30

achtundzwanzig

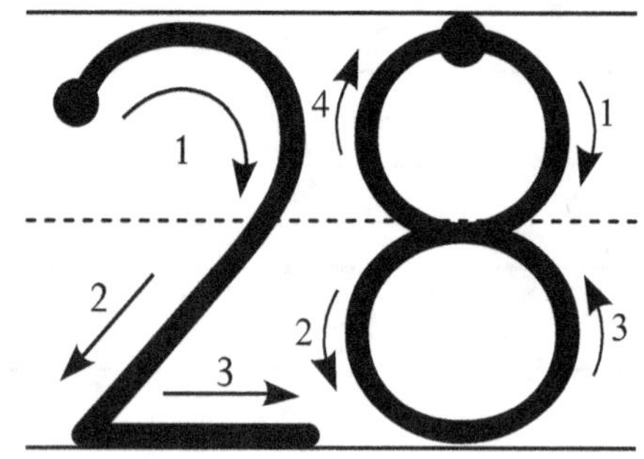

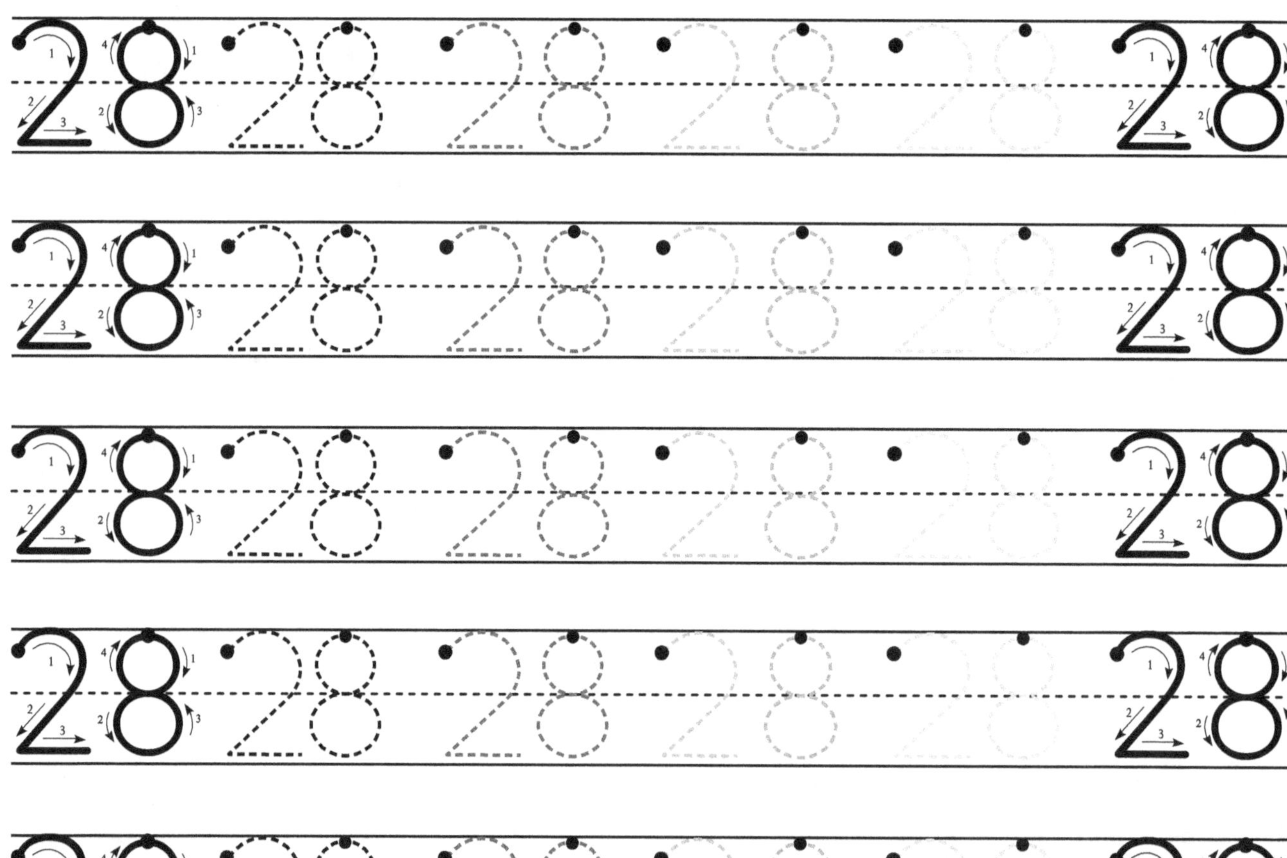

0 1 2 3 4 5 6 7 8 9 10 11 12 13 14 15 16
17 18 19 20 21 22 23 24 25 26 27 **28** 29 30

0 1 2 3 4 5 6 7 8 9 10 11 12 13 14 15 16
17 18 19 20 21 22 23 24 25 26 27 28 **29** 30

neunundzwanzig

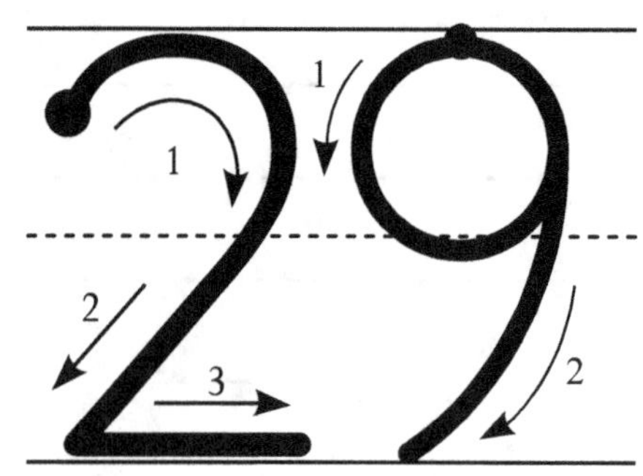

0 1 2 3 4 5 6 7 8 9 10 11 12 13 14 15 16
17 18 19 20 21 22 23 24 25 26 27 28 **29** 30

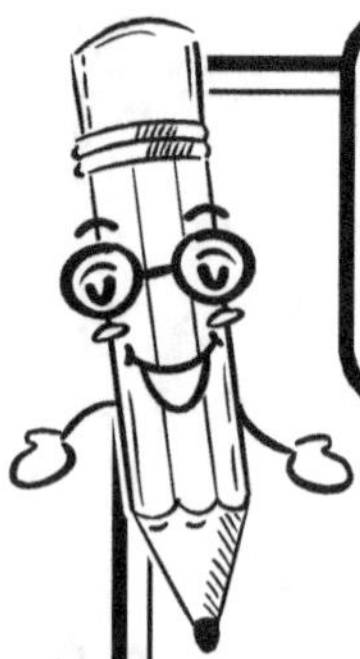

0 1 2 3 4 5 6 7 8 9 10 11 12 13 14 15 16
17 18 19 20 21 22 23 24 25 26 27 28 29 **30**

dreißig

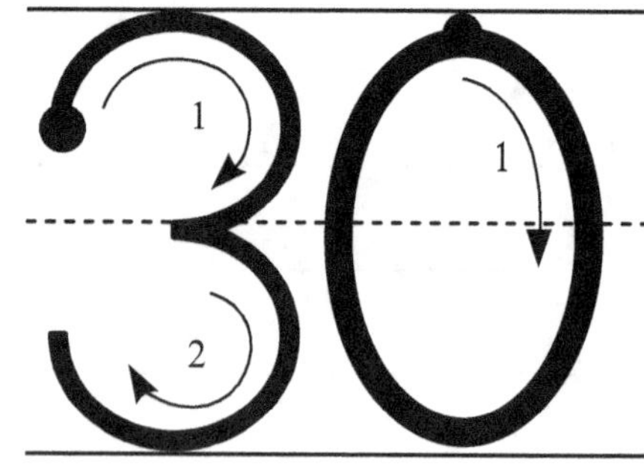

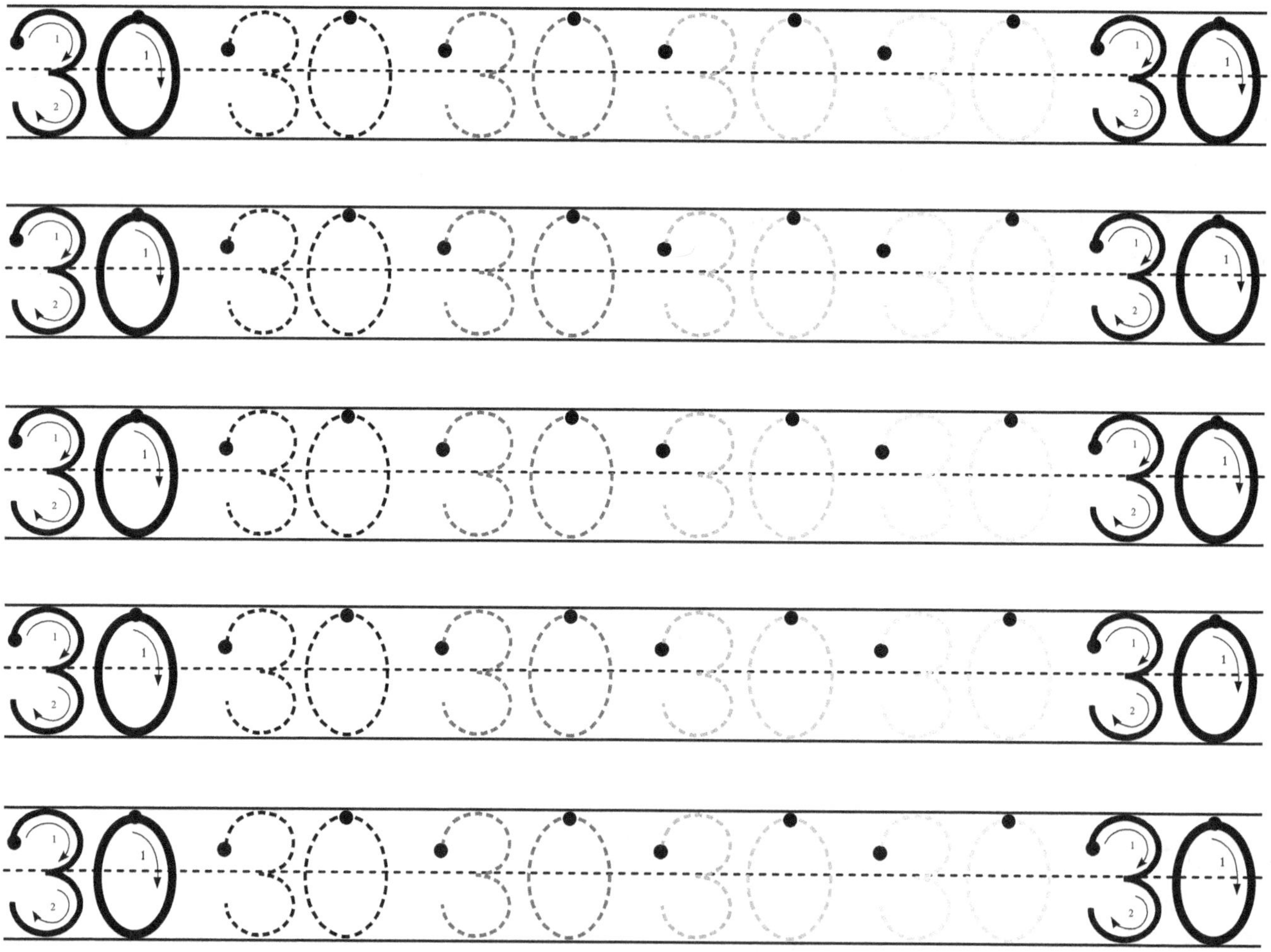

0 1 2 3 4 5 6 7 8 9 10 11 12 13 14 15 16
17 18 19 20 21 22 23 24 25 26 27 28 29 **30**

30 30 30 30 30 30 30

Übung macht den Meister!

Lass uns zählen!

Wie viele Affen siehst du?

________ Affen

Wie viele Katzen siehst du?

________ Katzen

Wie viele Delfine siehst du?

________ Delfine

Wie viele Elefanten siehst du?

_______ Elefanten

Wie viele Füchse siehst du?

_______Füchse

Wie viele Hasen siehst du?

_______ Hasen

Wie viele Pferde siehst du?

__________ Pferde

Wie viele Igel siehst du?

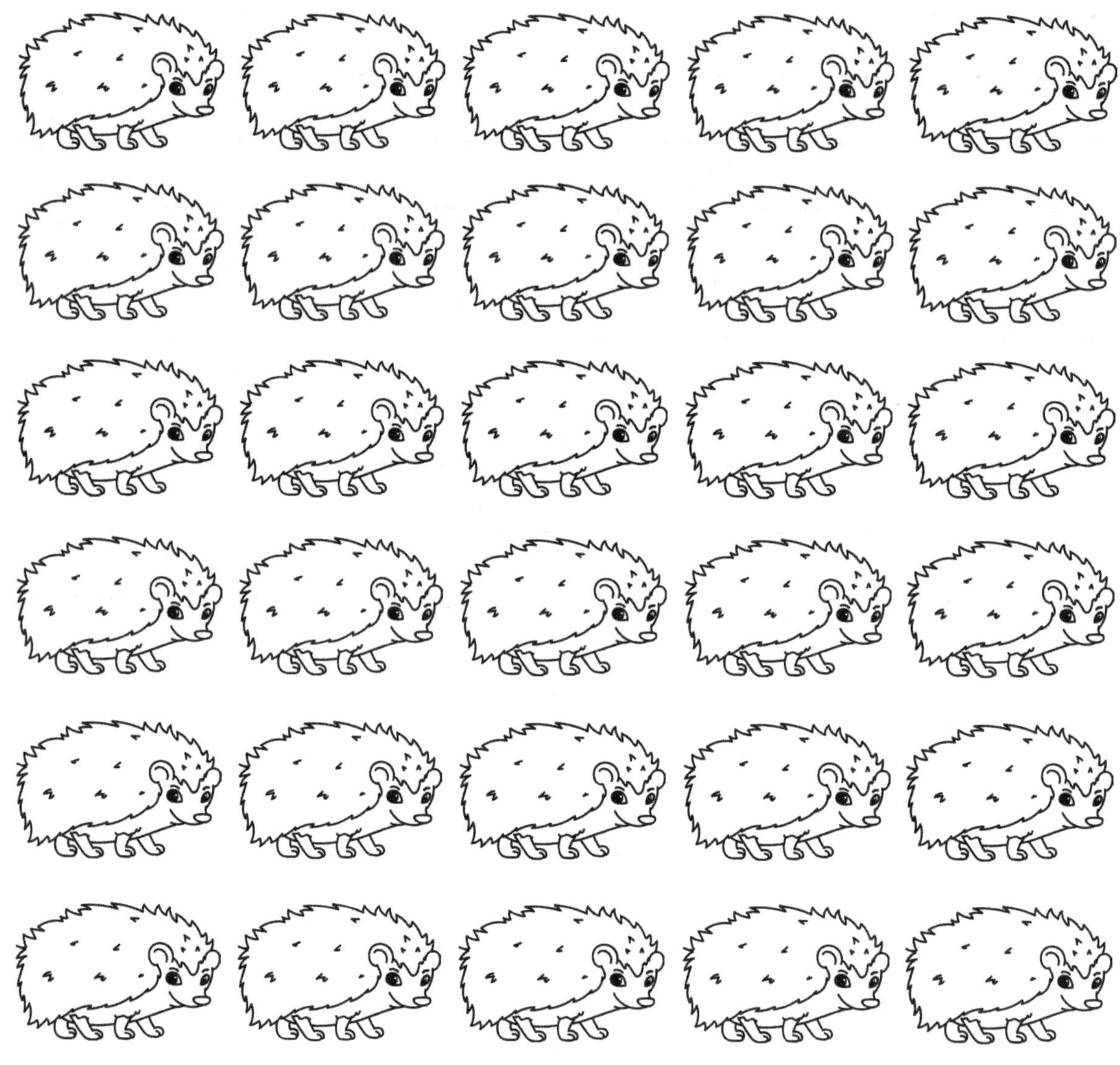

_______ Igel

Wie viele Flamingos siehst du?

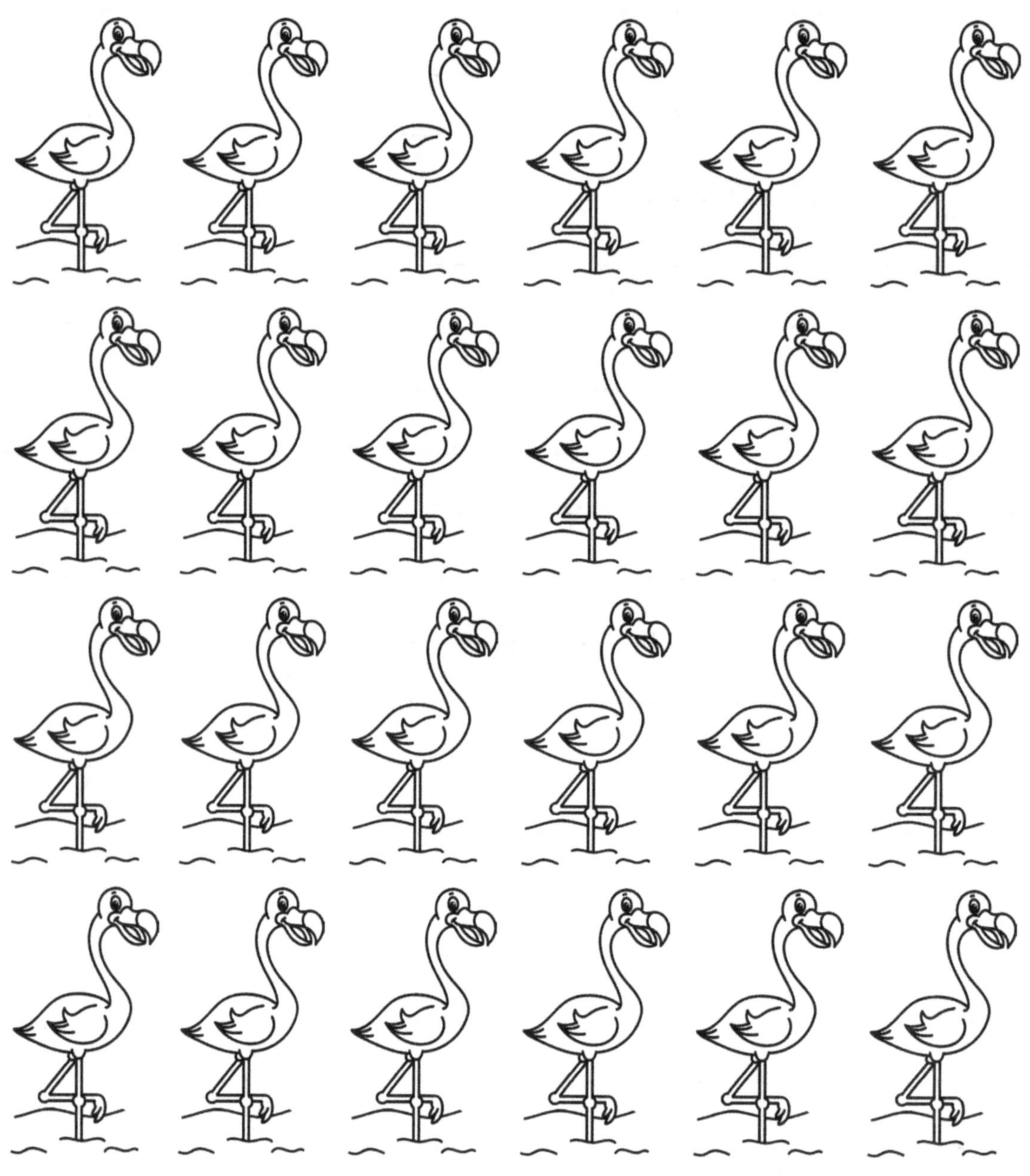

_______Flamingos

Wie viele Kängurus siehst du?

__________ Kängurus

Wie viele Löwen siehst du?

_______ Löwen

Wie viele Mäuse siehst du?

_______________ Mäuse

Wie viele Nilpferde siehst du?

________ Nilpferde

Wie viele Eulen siehst du?

_______Eulen

Wie viele Pinguine siehst du?

__________ Pinguine

Wie viele Rehe siehst du?

__________ Rehe

Wie viele Wale
siehst du?

_________ Wale

Wie viele Tiger siehst du?

_______ Tiger

Wie viele Zebras siehst du?

_________ Zebras

Wie viele Vögel siehst du?

_______ Vögel

...ES WAR SO SCHÖN MIT DIR...

Wir würden uns sehr freuen, Dich bald wieder in einem anderen **"Schlaue Schlawiner"** Übungsbuch begrüßen zu dürfen.

Außerdem wäre es fantastisch, wenn Du eine ehrliche Produktrezension auf Amazon verfassen könntest. "Es dauert nur 1-2 Minuten und bedeutet für uns als kleine Autoren sehr viel!"

FRAGEN, WÜNSCHE ODER FEEDBACK?

Schreib uns eine E-Mail: baldehmarketing@gmail.com

IMPRESSUM

Ablavie und David Baldeh GbR
Richtstrecke 2
44799 Bochum
Deutschland
baldehmarketing@gmail.com

www.ingramcontent.com/pod-product-compliance
Lightning Source LLC
Chambersburg PA
CBHW080909160726
48000CB00009B/2922